Tortugas

Un libro de comparaciones y contrastes
por Cher Vatalaro

tortuga boba

"Tortuga" es el término que generalmente se usa para todas las tortugas y tortugas terrestres.

Las tortugas son reptiles. Hay más de 300 especies diferentes de tortugas que viven alrededor del mundo, a excepción de la Antártica. Viven en todo tiempo de hábitats, desde océanos salados hasta desiertos secos.

tortuga espalda de diamante

tortuga terrestre del desierto de Mojave

tortuga terrestre de los Galápagos

La característica definitoria de una tortuga es su caparazón duro. A la parte alta del caparazón se le llama carapacho, y a la parte baja se le llama plastrón.

jicotea elegante

Plastrón de tortuga terrestre de patas rojas

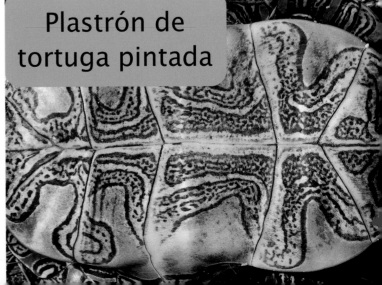

Plastrón de tortuga pintada

El caparazón es una parte del esqueleto y está hecho de hueso. Las tortugas no pueden salir de su caparazón. Están pegadas a este mediante la columna. Mientras el animal crece, su caparazón también lo hace, al igual que nuestros huesos crecen cuando nosotros crecemos.

El hueso está cubierto por escudos hechos de queratina, igual que nuestro cabello y uñas.

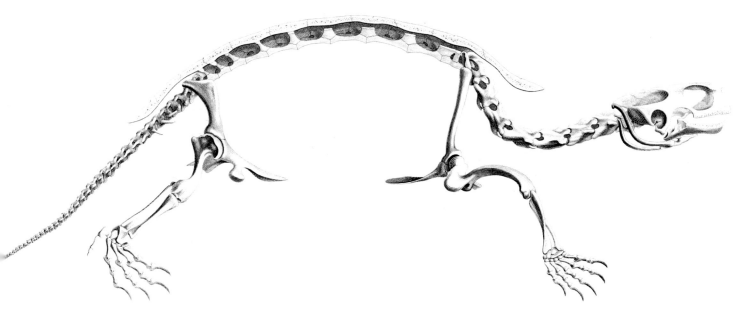

Escudos: tortuga terrestre de espolones africana

Escudos: tortuga terrestre de patas rojas

No tienen dientes, pero usan sus fuertes picos para comer sus alimentos.

Tortuga terrestre de espolones africana

Tortuga carey

Tortuga terrestre gigante de Aldabra

Tortuga terrestre de los Galápagos

Tortuga terrestre gigante con cúpula de Seychelles

Tortuga terrestre mediterránea

Las tortugas terrestres son herbívoras, lo que quiere decir que solo comen plantas.

Las tortugas verdaderas son omnívoras. Es decir, comen plantas y carnes.

Tortuga de caja del este

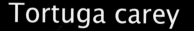

Tortuga carey

Todas las tortugas respiran oxígeno proveniente del aire.

Incluso cuando nadan en un pozo, río, lago u océano, igual tienen que subir a la superficie del agua para respirar aire.

Tortuga boba

Tortuga de estanque china

Todas las tortugas son de sangre fría. Generalmente puedes ver tortugas como estas tortugas pintadas o tortugas terrestres gigantes de Aldabra echadas al sol para calentarse.

Las tortugas marinas migran hacia aguas cálidas cuando las aguas del océano comienzan a enfriarse a causa del invierno.

Algunas tortugas pueden esconder su cabeza completa o casi completamente dentro de sus caparazones para protegerse de los depredadores.

Tortuga de caja

Tortuga terrestre del desierto

Tortuga mordedora

Las tortugas marinas,
como esta tortuga boba,
no pueden esconder su
cabeza en el caparazón.

Al igual que la mayoría de los reptiles, las tortugas ponen huevos. Las tortugas que pasan todo o la mayoría de su tiempo en el agua deben arrastrarse sobre la tierra para poner los huevos.

Dependiendo del tipo de tortuga, la hembra puede poner huevos en madrigueras, enterradas en la arena, tierra o incluso en hojas.

Tortuga mordedora

Tortuga boba

Tortuga terrestre

Jicotea elegante

Las tortugas terrestres solamente viven sobre tierra. Tienen caparazones redondos en forma de domo.

Tortuga gigante con cúpula de Seychelles

Tortuga leopardo

Tortuga de
la Florida

Las tortugas están adaptadas para vivir en el agua. Tienen caparazones planos, delgados y simplificados que les ayudan a nadar. Sus caparazones también son más ligeros que los de las tortugas terrestres.

Tortuga pintada

Jicotea elegante

Tortuga moteada

Tortuga verde

Por supuesto, también existen excepciones. Las tortugas de caja tienen caparazones abovedados y las tortugas de las rocas tienen caparazones planos.

Tortuga de caja del este

Tortuta terrestre de las rocas

Las tortugas terrestres tienen miembros posteriores y patas columnares, al igual que las piernas y patas de los elefantes. Tienen garras en sus patas delanteras para ayudarse a construir madrigueras.

Las tortugas tienen extremidades en forma de aleta y patas palmeadas con las que se ayudan para nadar en el agua. La mayoría de las tortugas que están entre el agua y sobre la tierra tienen garras en sus patas para ayudarse cuando se mueven sobre tierra.

Las tortugas marinas
solo tienen aletas.

Existen tortugas de diferentes tamaños y formas, y viven en distintos hábitats, desde desiertos hasta océanos.

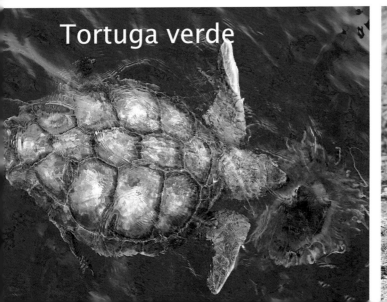

Tortuga verde

Galápago de bosque

Tortuga mordedora de Suramérica

Tortuga espalda de diamante

Tortuga terrestre de los Galápagos

Para las mentes creativas

Patas y piernas de las tortugas: ¿Qué sabes gracias a ellas?

¿Qué puedes saber sobre una tortuga gracias a sus patas y piernas?

1a

1b

1c

Respuestas: 1a: Las patas palmeadas con garras nos dicen que la tortuga vive tanto en el agua como sobre tierra. 1b: Las patas columnares (como las de los elefantes) con garras nos dicen que la tortuga terrestre vive solo sobre tierra. 1c: Las patas que son aletas para nadar nos dicen que se trata de una tortuga marina.

Une la tortuga con su hábitat

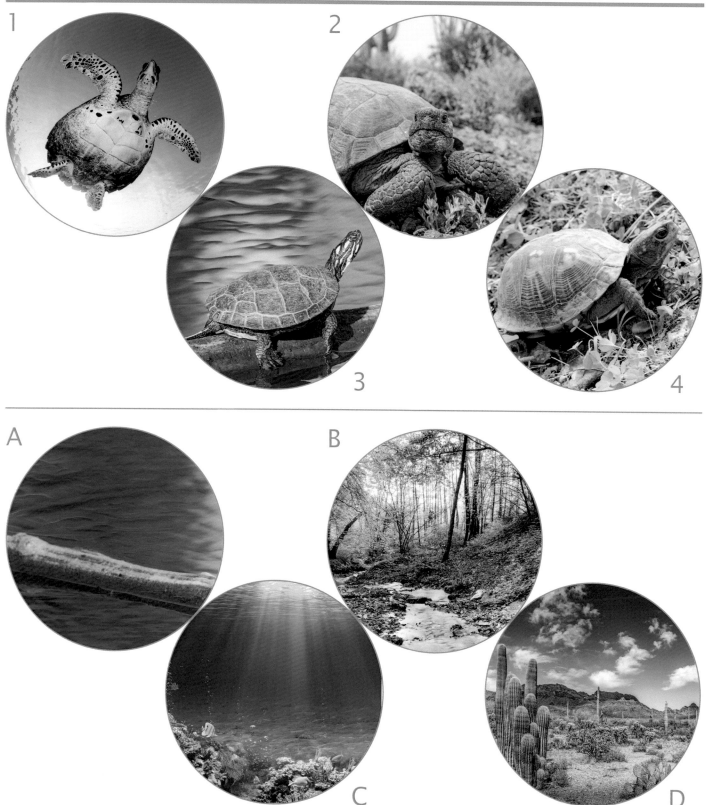

Respuestas: 1-C: Océano, 2-D: Desierto, 3-A: Pozo, 4-B: Bosques cercanos al agua

¿Verdadero o falso sobre las tortugas?

¿Puedes decir cuáles afirmaciones son verdaderas y cuáles son falsas? Las respuestas están más abajo.

1	Las tortugas marinas ponen sus huevos en el océano.
2	Las tortugas, tortugas terrestres y las tortugas espalda de diamante son todas consideradas tortugas. Son reptiles.
3	Muchas tortugas, pero no todas, viven en el agua y sobre tierra.
4	Las tortugas tienen dientes muy afilados.
5	Las tortugas viven en todo tipo de hábitats alrededor del mundo, a excepción de la Antártica
6	Las tortugas se arrastran fuera de sus caparazones y obtienen caparazones nuevos conforme van creciendo.
7	Los caparazones de las tortugas y las uñas de los humanos están ambos hechos de queratina.
8	Las tortugas solo comen plantas (herbívoras).
9	Las tortugas son de sangre fría.
10	Las tortugas terrestres solo viven sobre tierra.

Respuestas: 1: Falso-Todas las tortugas ponen huevos sobre tierra. 2: Verdadero. 3: Verdadero. 4: Falso- Las tortugas tienen picos y no dientes. 5: Verdadero. 6: Falso: Los caparazones de las tortugas son parte de su esqueleto. 7: Verdadero. 8: Falso-Algunas tortugas comen plantas y otras comen carne, o carne y plantas. 9: Verdadero. 10: Verdadero.

Partes del cuerpo de las tortugas

Identifica las partes del cuerpo de las tortugas usando la lista de palabras. Las respuestas están más abajo.

Pico　　　　　la parte fuerte y curvada de la boca de un animal

Carapacho　　la parte alta del caparazón de una tortuga

Garras　　　　el final afilado y curvado de los dedos de las patas

Fosas nasales　los orificios de apertura de la nariz

Plastrón　　　la parte baja del caparazón de una tortuga

Escudos　　　los platos huesudos y grandes sobre el carapacho de una tortuga

Respuestas: 1: Carapacho, 2: Escudos, 3: Fosas nasales, 4: Garras, 5: Garras, 6: Pico

Gracias a Kristi Dodds, Coordinadora de Aprendizaje del Woodland Park Zoo, por verificar la información presente en este libro.

Library of Congress Cataloging-in-Publication Data

Names: Vatalaro, Cher, 1988- author. | De la Torre, Alejandra, translator.
Title: Tortugas : un libro de comparaciones y contrastes / por Cher Vatalaro ; traducido por Alejandra de la Torre con Javier Camacho Miranda.
Other titles: Turtles. Spanish
Description: Mt. Pleasant : Arbordale Publishing, [2023] | Includes bibliographical references.
Identifiers: LCCN 2022051354 (print) | LCCN 2022051355 (ebook) | ISBN 9781638172949 (paperback) | ISBN 9781638170143 | ISBN 9781638173069 (epub) | ISBN 9781638173021 (pdf)
Subjects: LCSH: Turtles--Juvenile literature.
Classification: LCC QL666.C5 V3818 2023 (print) | LCC QL666.C5 (ebook) | DDC 597.92--dc23/eng/20221025

English title: **_Turtles: A Compare and Contrast Book_**
English paperback ISBN: 9781643519951
English ePub ISBN: 9781638170525
English PDF ebook ISBN: 9781638170334
Dual-language read-along available online at www.fathomreads.com

Spanish Lexile® Level: 840L

Bibliografía:

"African Pancake Tortoise." Smithsonian's National Zoo, 3 July 2019, nationalzoo.si.edu/animals/african-pancake-tortoise.
"Dermochelys Coriacea (Leatherback Sea Turtle)." Animal Diversity Web, 2019, animaldiversity.org/accounts/Dermochelys_coriacea/.
"Galápagos Tortoise | San Diego Zoo Animals & Plants." Sandiegozoo.org, 2015, animals.sandiegozoo.org/animals/galapagos-tortoise.
Hamny, The. "Types of Turtles (14 Families, and 351 Species)." The Hamny, 8 Jan. 2022, thehamny.com/types-of-turtles/.
Niedzielski, Steven. "Terrapene Carolina (Florida Box Turtle)." Animal Diversity Web, animaldiversity.org/accounts/Terrapene_carolina/.
"What's the Difference between a Turtle and a Tortoise?" Encyclopedia Britannica, www.britannica.com/story/whats-the-difference-between-a-turtle-and-a-tortoise.
"What's the Difference between Turtles and Tortoises?" Nashvillezoo.org, 2017, www.nashvillezoo.org/our-blog/posts/turtles-vs-tortoises.

Elaborado en los EEUU
Este producto se ajusta al CPSIA 2008

Arbordale Publishing
Mt. Pleasant, SC 29464
www.ArbordalePublishing.com